Um Centavo, Dois

2ª Edição em Português

David E. McAdams

Como um centavo virou US$ 41.943,04 em apenas 23 dias.

Copyright © 2025 David E. McAdams. Todos os direitos reservados. Nenhuma parte deste livro pode ser reproduzida, armazenada, transmitida ou< copiada, por qualquer meio, em qualquer formato, ou gravada de qualquer maneira, sem o consentimento expresso, por escrito, do titular dos direitos autorais.

Todos os nomes, personagens e acontecimentos retratados nesta obra são fictícios. Esta história não retrata pessoas reais (vivas ou falecidas) nem lugares reais. Nenhum automóvel foi prejudicado durante a escrita deste livro.

Imagem da capa de Mike, da Vantage Cars (www.vantagesportscars.com). Usada com permissão.

Capítulos

Capítulo 1 – Paulo..1
Capítulo 2 – A caixa...4
Capítulo 3 – Esperar...9
Capítulo 4 – Segurança em primeiro lugar.........................11
Capítulo 5 – O plano..13
Capítulo 6 – Quanto tempo?...15
Capítulo 7 – O carro..18
Capítulo 8 – Guardando o Tesouro......................................23
Capítulo 9 – Conferindo o carro...27
Capítulo 10 – Problemas com a caixa..................................30
Capítulo 11 – Tentação..35
Capítulo 12 – Ao banco...40
Capítulo 13 – Um passeio pela cidade.................................42
Capítulo 14 – A Caixa...45
O Poema..46
    Um Centavo, Dois..46
100 anos de centavos...51
Receita..56
Atividades de Aprendizagem...57
    Atividade de Sala: Duplicação (Dobrar).......................57
    Atividade de Planilha..57
    Atividade com Calculadora..58
    Imaginação...58
    Mercado de ações..59
Recursos...59
    Planilhas...59
    Calculadoras..60
    Jeitos de descobrir um preço...60

Capítulo 1 – Paulo

Se você perguntasse às crianças do bairro sobre o Paulo, elas diriam que ele é o garoto que consegue coisas. E todo mundo sabia o que o Paulo queria conseguir desta vez: uma bicicleta nova.

O que colocava o Paulo numa categoria à parte era que ele não conseguia as coisas com os pais; ele conseguia por conta própria.

Sabe quando você ganha um dólar e corre para gastar em doces, figurinhas, cartas ou qualquer coisa? Então. O Paulo decidia antes o que queria e depois ia juntando o dinheiro. Ah, ele comprava doces às vezes, mas, na maior parte do tempo, ele economizava.

O que o Paulo queria agora era uma bicicleta. Claro, ele tinha uma… mas tinha desde os seis anos. Que garoto de onze anos fica andando numa bicicleta de quando tinha seis? Ok, muitos andam. Mas o Paulo não queria.

E não é que o Paulo fosse orgulhoso. Ele andava com aquela bicicleta quando precisava. Só que, se ele sentasse no selim, os joelhos batiam no queixo. Então ele pedalava em pé, mas curvado para alcançar o guidão, parecendo uma gazela andando de bicicleta num circo.

Então o Paulo fez o que o Paulo sempre faz. Ele planejou.

"Primeiro o mais importante", disse o pai quando o Paulo comentou o objetivo. "Decida qual bicicleta você quer conseguir comprar."

Então o Paulo entrou na internet e pesquisou bicicletas. As baratas custavam uns cinquenta dólares. As avaliações das baratas diziam que começavam a se desmontar quase na hora. As boas custavam duzentos dólares. As muito boas custavam milhares.

"Por que você não pega a de fibra de carbono por mil e cem?", perguntou a Amélia, sonhadora.

"Porque eu ia levar até o ensino médio para juntar tudo isso!", reclamou o Paulo. Tinha uma bicicleta por noventa e cinco dólares. Parecia boa, e as avaliações diziam que era ok. O mais importante: era grande o bastante para durar até o Paulo tirar a carteira de motorista.

"Agora", explicou o Paulo para a Amélia, "eu preciso descobrir como conseguir o dinheiro."

"Você podia vender a sua bicicleta velha", respondeu a Amélia.

"Isso!" O Paulo pesquisou bicicletas usadas de criança online. "Eu consigo vinte dólares pela minha bicicleta velha", decidiu. "Além disso, tenho cinco dólares que sobraram do Natal. Soma isso com a mesada semanal de cinco dólares…" O Paulo anotou tudo:

Bicicleta	$95
Bicicleta velha	$20
Natal	$ 5
Falta da mesada	$70
$70 ÷ $5 por semana = 14 semanas	

"Quatorze semanas!", suspirou o Paulo. "Isso é três meses!"

"Quatorze semanas sem doces!", exclamou a Amélia, imaginando um Paulo triste, sem doces e sem alegria. "Nem pensar que você consegue!"

De alguma forma, a Amélia dizendo que ele não conseguiria fez com que ele quisesse ainda mais conseguir. "Consigo sim!", disse o Paulo, todo confiante. "Você ficaria quatorze semanas sem doces?", perguntou a Amélia, incrédula. Ela não conhecia nenhuma criança disposta a ficar quatorze semanas sem açúcar.

"Você ficaria quatorze semanas sem doce?", perguntou a Amélia, incrédula. Ela não conhecia nenhuma criança disposta a ficar quatorze semanas sem açúcar.

O pai do Paulo já tinha conversado com ele sobre isso. "Quanto tempo um doce dura?", perguntou o Paulo à Amélia.

"Hmm… cinco minutos?", disse a Amélia.

"E quanto tempo uma bicicleta dura?", perguntou o Paulo.

"Hmm… não sei?", disse a Amélia.

"Até eu tirar a carteira", disse o Paulo, confiante.

"E depois disso, o que você vai conseguir?", provocou a

Amélia.

"Um carro esportivo verde-escuro, com capota conversível", sorriu o Paulo, cheio de confiança.

A Amélia quase disse "nem pensar", mas se lembrou: esse era o Paulo. Se alguém podia fazer isso, era ele. "Uau! Posso andar nele?", perguntou a Amélia, toda cheia de charme.

"Claro", disse o Paulo, generoso.

Capítulo 2 – A caixa

Dinheiro: você ama quando tem. Você odeia quando não tem. E, naquele momento, todo o dinheiro do Paulo tinha ido parar na bicicleta novinha dele. Pra piorar, ele não comia nenhum doce havia quatorze semanas! O Paulo queria MUITO um doce.

Quando ele reclamou com a mãe, ela disse: "Você tem a sua bicicleta, querido."

"Mas, mãe, você não pode comer uma bicicleta!", exclamou o Paulo.

"Eu sei, querido", disse a mãe, com carinho.

Quando o Paulo reclamou com o pai, o pai sorriu, todo orgulhoso:
"Boa, Paulo! Isso é sacrifício de verdade!"
O Paulo, desanimado, concluiu que do pai não ia sair ajuda nenhuma.

Como último recurso, o Paulo reclamou com a bisavó Hardin. A bisavó Hardin enfiou a mão na bolsa e tirou um centavo.

A bisavó Hardin era muito velha. TÃO velha que achava que um centavo era um montão de dinheiro. Ela entregou a moeda ao Paulo como se fosse um presente precioso. "Obrigado, vovó", disse o Paulo, dando um abraço.

Quando o Paulo foi se afastando, a mãe sorriu: "Antigamente, um centavo valia muito mais, sabia? Na época da Guerra da Independência, dava pra comprar um pão com um centavo."

"Então o que você está dizendo é: se eu conseguir voltar no tempo uns duzentos e quarenta anos, pelo menos eu consigo o almoço? Será que naquela época já existia pasta de amendoim?", perguntou o Paulo, entrando na brincadeira.

Enfim, ele tinha aquele centavo. "Brilhante e reluzente", como a bisavó dizia. "Quero comprar alguma coisa", pensou o Paulo. Então ele foi até a mercearia da esquina do Luiz.

Você já tentou comprar alguma coisa por um centavo?

Tipo... nos últimos quarenta anos? Boa sorte! O velho Luiz viu o Paulo passear pela loja um tempinho e, com aquele sorrisão, perguntou: "Como posso ajudar?"

Você já conheceu o velho Luiz? Baixinho, magrelo e com um narizão. Todo mundo gosta do velho Luiz. Menos os ladrões. Ele identifica um ladrão a quilômetros e sempre chama a polícia. Mas, se você não é ladrão, o Luiz é gente boa demais.

"Como posso ajudar, Paulo?", perguntou o Luiz.

O Paulo mostrou o centavo. "O que eu consigo comprar?", perguntou o Paulo.

O Luiz sorriu, tirou um fiapo de poeira da camisa e o colocou no balcão. O Luiz tem um monte de sorrisos diferentes. Esse era o sorriso do "você só pode estar brincando".

"Tá, tá, tá", resmungou o Paulo. "E por cinco centavos?"

O Luiz tirou outro fiapinho do bolso e colocou ao lado do primeiro. O Paulo ficou encarando a coleção de fiapos do Luiz.

"E por dez centavos?" perguntou o Paulo, desesperado. O Luiz apontou para um balde de caramelos — um balde de pedacinhos minúsculos de caramelo.

"Dez centavos por um pedacinho minúsculo", pensou o Paulo. Ele quase teve vontade de chorar.

"O que você quer?" perguntou o Luiz, sério.

"Doce", respondeu o Paulo, confiante.

"Não, não, Paulo", disse o Luiz, com paciência. "O que você quer de verdade?"

"De verdade, de verdade?", respondeu o Paulo, já com a mente no futuro. "Bem... um carro esportivo conversível verde-escuro."

E ficou ali, com o queixo nas mãos e os cotovelos no

balcão, com cara de quem estava sonhando acordado.

"Já sofrendo uma crise de meia-idade?", perguntou o Luiz, pensativo. Ele observou o Paulo por um instante e disse: "Acho que eu tenho uma coisa que vai te ajudar." E foi para o fundo da loja.

O Paulo sorriu, achando que o Luiz ia dar dinheiro... ou uma barra de chocolate. Mas o Luiz voltou só com uma caixa. Uma caixa de madeira bem velha. E pior: uma caixa de madeira bem velha e toda suja.

O Paulo olhou para a caixa, depois olhou para o Luiz. Agora era o Paulo que estava com a cara de "você só pode estar brincando". O Luiz sorriu.

"É uma caixa mágica", prometeu.

O Paulo só ficou olhando, de boca aberta. "Você coloca um centavo e, no dia seguinte, encontra dois." O Paulo olhou para a caixa e depois encarou o Luiz. "Cada dia os centavos dobram. Mas não tire nenhum até ter o suficiente, porque assim que você tirar, nem que seja só um, eles param de dobrar."

"Suficiente pra quê?" perguntou o Paulo, desconfiado.

"O que você quer de verdade?" perguntou o Luiz, paciente.

"Um carro esportivo conversível verde-escuro!", gritou o Paulo.

"Isso dá muitos centavos", disse o Luiz, sincero. "Então confirma: não tire nenhum até ter o suficiente. Nenhum mesmo."

O Luiz abriu a caixa, esperando.

O Paulo ficou olhando para a caixa vazia.

"Tá...", pensou o Paulo. "Se eu tiver só um tiquinho de chance de conseguir um carro esportivo conversível verde-escuro... eu colocaria um centavo numa caixa velha, suja, toda arrebentada, e levaria pra casa?"

Ele colocou o centavo bem no centro da caixa, fechou com força e encaixou debaixo do braço. "Obrigado, Luiz", disse o Paulo.

No caminho de volta, ele pensou: "Essa caixa não parece mágica. Na verdade... isso parece meio idiota." O Paulo olhou em volta. "Tomara que ninguém me veja com isso."

Ele deu um pulo quando a Amélia, no quintal da frente dela, gritou: "Oi, Paulo! O que é isso?"

"Ah... uma caixa."

"O que tem aí dentro?" perguntou a Amélia.

"Um... centavo", disse o Paulo, sentindo o rosto esquentar.

"Tipo um cofrinho?" perguntou a Amélia, curiosa.

"Algo assim", respondeu o Paulo, se perguntando se a Amélia ia achar que ele era bobo.

A Amélia franziu a testa. Agora ela sabia que o Paulo estava escondendo alguma coisa. Pensou um pouco. O Paulo não mentia, então devia ter mesmo um centavo dentro da caixa.

"Por que tem um centavo na caixa?", ela perguntou.

O Paulo estava quase gritando "não é da sua conta!", mas aí lembrou: era a Amélia. Ela até achava que fadas eram reais.

"É uma caixa mágica. Os centavos vão dobrar todos os dias até eu ter o suficiente."

"Suficiente pra quê?" perguntou a Amélia, inocente.

"Suficiente pra um carro esportivo conversível verde-escuro", disse o Paulo como se isso fosse a coisa mais normal do mundo.

"Aquele em que eu vou poder andar?", perguntou a Amélia.

"Isso, aquele em que você vai poder andar."

A Amélia encostou numa árvore, com cara de sonho acordado, enquanto o Paulo foi andando para casa.

Capítulo 3 – Esperar

Quando o Paulo chegou em casa, colocou a caixa em cima da cômoda. Olhou para ela por um minuto... depois pegou, abriu e espiou.

"Será que o centavo está no lugar certo?", ele se perguntou. "E se tiver que ficar de um lado?" Então ele empurrou a moeda com cuidado para a lateral, se certificando de não pegá-la.

Ficou encarando mais um pouco. "Mas... e se tiver que

ficar no meio?", ele se preocupou.

"PARA!" gritou a parte inteligente do cérebro dele. "Se isso fosse importante, o Luiz teria falado!"

A parte burra rebateu: "Mas e se o Luiz tiver esqueceu?"

A parte inteligente berrou: "CALA A BOCA!", então o Paulo fechou a caixa.

O cérebro dele ficou quieto por um segundo, enquanto ele olhava para a caixa.

"Será que já dobrou?", perguntou a parte burra.

"Não custa dar uma olhadinha...", cantarolou a parte inteligente.

Então o Paulo olhou de novo. Só tinha um centavo. Só para garantir, ele empurrou a moeda para o meio da caixa e fechou a tampa.

"Será que já dobrou?", repetiu a parte burra.

"Eu não vou ficar checando a cada segundo!", ralhou a parte inteligente.

"Mas pode ter dobrado!", choramingou a parte burra.

"Cala a boca!" gritou o Paulo, em voz alta.

Ele decidiu que aquela conversa dentro da cabeça não ia parar enquanto ele ficasse ali, parado, encarando a caixa. Então deixou a caixa na cômoda e foi lá para fora.

O Paulo subiu numa árvore.

Olhou do alto para o quintal.

Desceu da árvore.

Olhou do quintal para a árvore.

Olhou para um arbusto.

Aí voltou para dentro e olhou na caixa. Ainda só um centavo. Ele empurrou a moedinha para um lado, só por precaução.

O Paulo foi para a cozinha e descascou batatas para o

jantar. Imaginou que tinha um centavo dentro de cada uma. Cortou as batatas. Nenhum centavo. Cozinhou. Nenhum centavo. Amassou as batatas com leite, sal e manteiga.[1] Ainda nenhum centavo. E nem é que ele realmente esperasse encontrar algum. Era só faz de conta, sabe?

O Paulo checou a caixa de novo. Ainda só um centavo. Jantou. Assistiu à TV. Deu boa-noite para a mãe e para o pai. Espiou de novo. Só um centavo. Tirou a roupa e pulou na cama.

O Paulo adormeceu olhando para a caixa ali, quietinha, parada... sem fazer absolutamente nada.

Capítulo 4 – Segurança em primeiro lugar

Você já teve um sonho maldoso? Não um pesadelo assustador, mas um sonho que é simplesmente... maldoso? O Paulo teve sonhos maldosos a noite inteira. Primeiro, o pai entrou no quarto dele, viu a caixa velha e suja e a jogou fora. Depois, o amigo dele, Marcos, entrou no quarto, tirou a caixa do lixo e a levou para a escola.

Aí o professor deles, o Sr. Dill, disse que a caixa era suja demais para ficar na escola e tomou a caixa do Marcos. Depois, a diretora, a Sra. Dennison, pegou a caixa do Sr. Dill e a guardou no depósito. E então, daqui a cem anos, arqueólogos desenterraram o depósito, acharam um trilhão de centavos, derreteram tudo para aproveitar o metal e ficaram ricos.[1]

O Paulo acordou num pulo. Levantou, pegou a caixa e olhou em volta do quarto. Enfiou a caixa na gaveta de meias. "Mas e se o pai resolver olhar para ver quantas meias eu ainda tenho?", pensou ele.

---

1 *Veja a receita na página 56.*

Tirou a caixa da gaveta de meias e a colocou debaixo do travesseiro. Deitou e fez uma careta. A caixa deixou o travesseiro todo torto, duro e cheio de caroços. Ele tirou a caixa e olhou em volta de novo.

"Ah-ha!", pensou o Paulo.

Ele abriu o armário, despejou o cesto de bichos de pelúcia, colocou a caixa bem no fundo e cobriu tudo de novo. Aí abraçou o Mumpsy, o macaquinho de meia, só para relembrar os velhos tempos, e voltou para a cama.

O Paulo adormeceu encarando a porta do armário.

Capítulo 5 – O plano

Exatamente 1,2 segundos depois de acordar, o Paulo lembrou da caixa. 0,7 segundos depois disso, lembrou onde a tinha escondido. Mais 0,8 segundos e a caixa estava aberta... e ele estava encarando dois centavos.

"Funcionou", sussurrou o Paulo para si mesmo. "FUNCIONOU!" gritou o Paulo para o mundo inteiro, enquanto corria para o quarto dos pais. "FUNCIONOU! FUNCIONOU! FUNCIONOU!", repetia ele, pulando na cama deles e tentando acordá-los.

Por fim, o pai do Paulo abriu os olhos e disse: "Que ótimo, Paulo. A gente conversa sobre isso depois. Fecha a porta quando sair."

O Paulo ficou encarando os pais sonolentos por um minuto e saiu disparado. Saiu do quarto, correu pelo corredor e atravessou a porta da frente. Foi direto para a casa da Amélia. Bateu na janela do quarto dela.

A cabeça da Amélia apareceu na hora. "Oi, Paulo."

"Tenho que te mostrar!", disse o Paulo, ofegante. E já começou a tentar entrar pela janela.

"N-não", disse a Amélia, firme. "A minha mãe diz que eu já estou ficando velha demais para ter meninos subindo pela minha janela."

O Paulo só ficou olhando para a Amélia, com uma cara totalmente confusa. "Eu te deixo entrar pela porta da frente", ofereceu a Amélia, com um sorriso gentil.

O Paulo deu a volta correndo até a porta da frente e ficou esperando. Quando a Amélia abriu, ele já estava com a caixa aberta. "Olha", disse ele.

"Dois centavos", disse a Amélia.

"Sim", explicou o Paulo, impaciente. "Ontem tinha um."

"Sim", disse a Amélia, com paciência. "Você já me contou que é uma caixa mágica."

"Mas é MESMO!", disse o Paulo.

"Você me disse isso ontem", respondeu a Amélia, tentando entender o que o Paulo queria dizer.

"Você acreditou em mim?", perguntou o Paulo, incrédulo.

"Claro que eu acreditei." A Amélia estava ficando confusa.

"Ah... é. Desculpa", disse o Paulo.

Eles ficaram olhando para a caixa aberta por alguns minutos.

"E agora, o que a gente faz?"

"Bem... eu vou montar minha câmera para tirar fotos das

fadas no quintal", disse a Amélia, toda animada.

"Não, eu quis dizer sobre os centavos", disse o Paulo.

"Eles dobram todo dia?", perguntou a Amélia.

"É... pelo menos foi o que o Luiz disse."

"Então espera até amanhã", disse a Amélia, como se estivesse dizendo uma verdade eterna.

Capítulo 6 – Quanto tempo?

O Paulo pensou um pouco. "Ok... vamos esconder a caixa no meu quarto e depois a gente trabalha na sua câmera de fadas."

"Ok!", disse a Amélia, toda animada.

A Amélia deixou um bilhete para os pais e, então, ela e o

Paulo foram andando até a casa dele, conversando sobre o plano super sério da Amélia de fotografar fadas. O Paulo escondeu a caixa com cuidado no cesto de bichos de pelúcia.

Quando eles já estavam saindo, o pai do Paulo perguntou: "Vocês dois já tomaram café da manhã?"

"Não", respondeu o Paulo, percebendo de repente que estava morrendo de fome.

"Que tal panquecas?", perguntou o pai do Paulo, chegando com um prato cheio de panquecas.

"Sim!", cantaram o Paulo e a Amélia ao mesmo tempo.

Depois de terminar o primeiro prato de panquecas, o Paulo perguntou: "Pai, quanto tempo demora para um centavo virar um carro?"

"Que tipo de carro?"

"Um conversível esportivo verde-escuro."

"E quanto ele custa?", perguntou o pai do Paulo.

"Não sei", respondeu o Paulo.

"Então você precisa descobrir isso primeiro. Depois, precisa saber qual é a taxa de juros."

"O que é taxa de juros?", suspirou o Paulo. Aquilo estava começando a parecer complicado.

"É quanto dinheiro você ganha em cima do dinheiro que você investe."

"Ele dobra!", disse o Paulo, aliviado por finalmente entender o suficiente para responder.

"Dobra todo ano? Isso é uma taxa de juros bem alta."

"Não... dobra todo dia", disse o Paulo, torcendo para não soar bobo.

"Uau", disse o pai. "Você tem certeza?"

"Ele tem certeza", respondeu a Amélia, confiante.

"Para isso, vamos precisar de um computador", explicou o pai.

Quando terminaram as panquecas, o pai do Paulo ajudou o Paulo a abrir uma planilha no computador. "Ok, Paulo: digite 1 para o primeiro dia na coluna A; a data de hoje na coluna B; digite 1 na coluna C para um centavo; e, na coluna D, digite =C2/100 para transformar centavos em dólares." O Paulo digitou:

Dia	Data	Centavos	Dólares
1	08 jul.	1	=C2/100

"Agora", disse o pai do Paulo, "cada linha mostra um dia. Para o dia seguinte, você coloca o dia anterior mais um; a data anterior mais um; os centavos do dia anterior vezes dois; e depois transforma os centavos em dólares."

Dia	Data	Centavos	Dólares
1	08 jul.	1	0,01
=A2+1	=B2+1	=C2*2	=C3/100

"Agora, copie a segunda linha um monte de vezes", acrescentou o pai do Paulo. Foi isso que o Paulo conseguiu:

Dia	Data	Centavos	Dólares
1	08 jul.	1	0,01
2	09 jul.	2	0,02
3	10 jul.	4	0,04
4	11 jul.	8	0,08
5	12 jul.	16	0,16
6	13 jul.	32	0,32

7	14 jul.	64	0,64
8	15 jul.	128	1,28
9	16 jul.	256	2,56
10	17 jul.	512	5,12
11	18 jul.	1024	10,24
12	19 jul.	2048	20,48
13	20 jul.	4096	40,96

"Dá para ver que no dia 13 você tem 4.096 centavos, o que dá quarenta dólares e noventa e seis centavos. Assim que você souber quanto precisa, a gente termina a planilha."

"Vai demorar uma eternidade", suspirou o Paulo.

"Você vai se surpreender com a rapidez com que isso cresce."

"Beleza", disse o Paulo. "A gente decide qual carro esportivo depois que montar a câmera da Amélia para tirar fotos de fadas."

"Combinado", sorriu o pai do Paulo. "Me avise se precisar de ajuda."

Em seguida, eles deixaram a câmera da Amélia escondida sob aparas de grama, programada para tirar uma foto a cada dez minutos. Ela estava apontada para a entrada da casinha de fadas que a Amélia tinha feito.

Capítulo 7 – O carro

Se você fosse vendedor de carros, daria atenção a dois pré-adolescentes de onze anos que simplesmente apareceram no seu pátio? A maioria dos vendedores mandaria os dois embora. Mas o Mike não. Ele conversou com eles. O Mike era esse tipo de cara.

"Como posso ajudar?", perguntou o Mike, meio desconfiado, com o sorriso simpático de vendedor. A Amélia disparou: "O Paulo quer um carro esportivo

conversível verde-escuro."

"Ah, é?", disse o Mike, com um sorriso divertido. "E como o Paulo vai pagar pelo carro esportivo conversível verde-escuro dele?"

"Tem uma caixa, sabe, e...", começou a Amélia.

"Eu explico, mana", interrompeu o Paulo, pensando rápido. "O Luiz vai me dar o dinheiro, senhor."

O Paulo achou que isso estava mais ou menos certo, já que o Luiz deu a caixa... e a caixa era quem estava dando o dinheiro.

"Certo", disse o Mike, decidindo entrar na brincadeira. "Por coincidência, a gente tem um MGB Roadster 1974 verde, totalmente restaurado, aqui. Vem cá. Vou mostrar."

Quando eles se aproximaram do carro, os olhos do Paulo ficaram enormes e a boca dele ficou aberta.

"É lindo!", exclamou o Paulo.

"É incrível!", acrescentou a Amélia.

"É mais do que lindo", disse o Paulo com o olhar. "É estupidamente maravilhoso!"

"É magnificamente sensacional", disse a Amélia, continuando o jogo que os dois já tinham feito mil vezes.

"Podemos sentar nele, senhor?", perguntou o Paulo.

"Eu ganhei", disse a Amélia baixinho, porque o Paulo não tinha inventado outro superlativo diferente.

O Mike hesitou, olhando os dois de cima a baixo. Devia ter decidido que eles estavam "limpos o bastante", então disse: "Ok, mas não encostem nos botões nem nas alavancas."

O Paulo entrou com cuidado e segurou o volante. A Amélia entrou do outro lado. O Paulo só ficou ali, com as mãos no volante, imaginando como seria dirigir aquele carro.

Ele nem percebeu quando a Sra. Fournier, gerente do pátio, chegou.

"O que está acontecendo aqui?", perguntou a Sra. Fournier.

"O Luiz vai dar o dinheiro para ele", disse o Mike, piscando para a Sra. Fournier. A cara fechada dela deixava bem claro que ela não estava achando graça. "Bem...", disse o Mike depressa, "acho que o test drive acabou."

O Paulo saiu do carro e encarou o Mike. "Quanto?", perguntou.

O Mike sorriu, enquanto a Sra. Fournier continuava desconfiada.

"Está ali no adesivo", disse o Mike. "Trinta e cinco mil, novecentos e cinquenta."

O Paulo era mais esperto do que isso. "Não, senhor. Quanto dá tudo no total?"

"Ok", disse o Mike, pegando o celular. "São US$ 35.950,00 pelo carro, US$ 250,00 pela licença, e o imposto sobre vendas de 7,25% dá US$ 2.606,38. Total: US$ 38.806,38. Como você gostaria de pagar?"

"Em centavos", disse a Amélia, toda confiante.

"Na verdade... em dinheiro", disse o Paulo, lançando para a Amélia um olhar de "deixa que eu resolvo".

O Mike sorriu ainda mais. A namorada dele ia amar essa história.

"A gente não pode aceitar tanto dinheiro em espécie", disse ele. "Você teria que trazer um cheque."

"Tudo bem", disse o Paulo. "Pode anotar os valores?"

O Mike puxou um bloquinho e escreveu:

Carro	US$ 35.950,00
Licença	US$ 250,00
Imposto a 7,25%	US$ 2.606,38
Total	US$ 38.806,38

O Mike arrancou a folha e entregou ao Paulo. "Obrigado", disse o Paulo. "Eu volto aqui."

O Mike ficou um pouco surpreso, mas entrou na onda do que parecia uma pegadinha. "A gente não pode segurar o carro para você sem uma entrada. É por ordem de chegada."

O Paulo suspirou. "Sim, senhor. Eu volto aqui."

nquanto o Paulo e a Amélia iam embora, a Amélia sussurrou: "Eu não quero ser sua irmã, viu." O Paulo olhou para ela, confuso... mas continuou andando.

Quando chegaram em casa, o Paulo completou a

planilha. Ficou assim:

Dia	Data	Centavos	Dólares
1	08 jul.	1	0,01
2	09 jul.	2	0,02
3	10 jul.	4	0,04
4	11 jul.	8	0,08
5	12 jul.	16	0,16
6	13 jul.	32	0,32
7	14 jul.	64	0,64
8	15 jul.	128	1,28
9	16 jul.	256	2,56
10	17 jul.	512	5,12
11	18 jul.	1024	10,24
12	19 jul.	2048	20,48
13	20 jul.	4096	40,96
14	21 jul.	8192	81,92
15	22 jul.	16384	163,84
16	23 jul.	32768	327,68
17	24 jul.	65536	655,36
18	25 jul.	131072	1310,72
19	26 jul.	262144	2621,44
20	27 jul.	524288	5242,88
21	28 jul.	1048576	10485,76
22	29 jul.	2097152	20971,52
23	30 jul.	4194304	41943,04

"Vinte e três dias!", exclamou o Paulo.

"Isso é muito tempo", comentou a Amélia, triste.

"Muito tempo? Eu levei três meses para conseguir minha bicicleta! Isso aqui são só três semanas!", gritou o Paulo, ao mesmo tempo animado e feliz.

"Ah... ok." Mesmo assim, três semanas ainda pareciam muito tempo para a Amélia.

Capítulo 8 – Guardando o Tesouro

"E se alguém roubar?", perguntou a Amélia. O Paulo encarou a Amélia com uma expressão de puro horror. "Roubar?", repetiu.

A Amélia ficou feliz por ter pensado em algo que o Paulo não tinha pensado. Ao mesmo tempo, a cara apavorada dele deu um aperto no peito dela.

"Como é que você vai proteger a sua caixa?", perguntou ela, tentando tirar o Paulo do modo pânico.

"Eu não tenho nenhuma arma", disse o Paulo.

Agora foi a vez da Amélia ficar horrorizada. "Não dá para proteger sem armas?!"

"Vamos perguntar para o meu pai", sugeriu o Paulo, depois de pensar um pouco.

"Boa ideia", disse a Amélia, aliviada por mudar de assunto. E os dois saíram correndo para a cozinha.

"Pai, se você tivesse uma coisa MUITO valiosa, como faria para proteger?"

"Bem, deixa eu ver...", disse o pai do Paulo, com um sorrisinho. "A gente ensina vocês a distinguir o certo do errado."

"Não, pai!", disse o Paulo. "Não eu! Uma coisa!"

"Ahh, entendi." O pai pensou um instante. "Eu me certificaria de não contar para ninguém."

"Eu não contei para ninguém... só para você e para a Amélia. Amélia, você contou para alguém?", perguntou o Paulo.

"Só para a minha mãe", respondeu a Amélia, toda confiante.

"Hmmm...", murmurou o Paulo. "A gente fala com ela depois. O que mais, pai?"

"Ok", disse o pai do Paulo, entrando no que ele achou que era um jogo. "Aí você precisa de um sistema de alarme."

O Paulo pegou caneta e papel e escreveu: "1. alarme". Depois olhou de volta para o pai.

"E você precisa manter isso trancado."

O Paulo escreveu: "2. tranca". "Quanto custa uma fechadura?", perguntou.

"Acho que eu tenho uma sobrando na garagem. Vem."

Eles foram até a garagem e viram o pai do Paulo remexer

em caixas até encontrar uma.

"Aqui." Ele entregou uma fechadura com chave, ainda na embalagem, junto com uma chave de fenda. O Paulo passou a fechadura para a Amélia.

"O que mais, pai?", insistiu o Paulo.

"Esconda bem."

"Isso a gente já fez", disse a Amélia.

"E você precisa de guardas armados." A Amélia fez uma careta.

"Você consegue uma arma pra mim, pai?", perguntou o Paulo, sério.

"Não", disse o pai do Paulo, firme. "Você vai ter que fazer uma de papelão." E avisou: "Só não leva pra fora. Não quero a polícia achando que é de verdade."

O Paulo olhou para o pai, frustrado, e perguntou de novo: "E mais o quê, pai?"

"Acho que isso cobre tudo, Paulo. Divirtam-se vocês dois!"

O Paulo e a Amélia foram para o quarto do Paulo. A Amélia abriu a porta do armário e examinou a maçaneta. "Dois parafusos", disse ela.

Ela abriu a caixa da fechadura nova. "Isso, iguais", disse. "Começa a desapertar isso", mandou, apontando para a maçaneta velha.

O Paulo desapertou um parafuso até ele cair, depois o outro. A Amélia foi entendendo como as peças se encaixavam. O Paulo tirou as maçanetas e espiou a lingueta lá dentro.

"Como a gente tira isso?", perguntou, mais para si mesmo do que para alguém.

"Só enfia a chave de fenda e puxa", sugeriu a Amélia.

"Como você sabe?"

"Eu vi a minha mãe colocar uma fechadura na minha porta", disse a Amélia, toda convencida.

"Você tem fechadura na sua porta?", perguntou o Paulo, com inveja.

"Tenho!", a Amélia sorriu.

O Paulo enfiou a chave de fenda no buraco da lingueta e puxou. A lingueta saiu com um estalo, bateu no nariz dele e quicou.

A Amélia encaixou a lingueta nova, montou a fechadura e ajustou tudo.

"Aqui estão as chaves", disse ela, entregando duas chaves ao Paulo.

O Paulo devolveu uma. "Você fica com uma", disse, generoso... e sem entender por que o rosto estava ficando quente.

"Obrigada", disse a Amélia, e deu um beijo na bochecha do Paulo.

Agora o rosto do Paulo ficou QUENTE de verdade.

"Alarme?", disse a Amélia, trazendo o Paulo de volta do planeta Marte.

"Ah! Sim. Alarme." O Paulo pensou um pouco, depois puxou um novelo de barbante da sua gaveta de tranqueiras.

Ele entregou o barbante para a Amélia e foi na frente até a garagem. Pegando uma escada, subiu até o mezanino e começou a passar panelas e frigideiras da caixa de camping para a Amélia. Eles levaram o "tesouro barulhento" para o quarto e armaram o armário de um jeito que as panelas batessem umas nas outras se alguém abrisse a porta.

Eles testaram tantas vezes que o pai do Paulo apareceu para ver de onde vinha aquele barulhão. "Muito bem!", disse ele. "O que vocês estão protegendo?"

"Ah...", disse o Paulo, pensando rápido. "Minha coleção

de bichos de pelúcia." Aí, sem querer mentir, completou: "E outras coisas."

"Vocês dois ainda vão ser ótimos mecânicos."

Capítulo 9 – Conferindo o carro

O Paulo e o Konrad — um garoto da idade do Paulo, de pele morena — estavam agachados entre árvores, na base de uma colina, num parque.

"S1, aqui é K1. Câmbio, S1. Terminado", disse o Konrad no walkie-talkie.

"K1, aqui é S1. Teste de rádio. Câmbio", respondeu o Paulo, ignorando o fato de que eles estavam literalmente um do lado do outro.

"S1, recebo você Lima Charlie", respondeu o Konrad.

"Todas as unidades, avançar", ordenou o Paulo. Ele e o Konrad fizeram o melhor "rastejo militar" que conseguiram, subindo a colina. O Paulo sinalizou para o Konrad parar.

O Paulo espiou por cima do topo da colina. Olhou em volta com cuidado. Depois de alguns instantes, fez sinal para o Konrad subir. O Konrad segurou firme os binóculos e foi se aproximando devagar até o topo.

"Alvo avistado", disse o Paulo, apontando para o brilhante MGB Roadster 1974 verde, no pátio de carros. "Alvo adquirido", respondeu o Konrad, colocando os binóculos nos olhos. "Ninguém por perto", acrescentou. "Roger, roger", respondeu o Paulo, todo feliz. "Hora do lanche."

O Paulo tirou da mochila um pacote de bolachas tipo graham e um pacote de bolachas saltine. "Ração S ou ração G?", perguntou.

"Ração G, com certeza!", respondeu o Konrad, empolgado.

O Paulo rasgou o pacote com os dentes e entregou uma bolacha para o Konrad. Eles estavam lá, olhando o pátio e mastigando felizes, quando ouviram: "Vigiando o carro?"

Os dois levaram um susto e se viraram num pulo. "Você assustou a gente!", exclamou o Paulo. A Amélia estava rindo da reação deles.

"Abaixa!", gritou o Konrad. "Eles vão ver você!"

Enquanto a Amélia se sentava na grama, ela retrucou: "Bem... eu tenho certeza de que eles já ouviram você."

"Meninas!", resmungou o Konrad.

"Meninas são legais", disse o Paulo, na defensiva, sem saber como o Konrad ia reagir. A Amélia deu aquele sorriso secreto dela.

Os três se esticaram no topo da colina, com os olhos grudados no pátio. Eles acompanharam um rapaz jovem atravessando o pátio. O Paulo prendeu a respiração quando o rapaz parou perto do conversível verde. O rapaz passou a mão pela lataria brilhante... e foi embora.

No sol quentinho do verão, primeiro o Konrad e depois o Paulo pegaram no sono, com a cabeça apoiada nas mãos.

"Bogie às 12 horas", repetiu a Amélia, mais alto. "Hã...?", perguntou o Paulo, sonolento, enquanto o Konrad só babava.

"Bogie às 12 horas!", ela exclamou, dando um soquinho de leve no ombro do Paulo.

O Paulo acordou na hora. Cutucou o Konrad. "Bogie às 12 horas!", avisou.

Com um sobressalto, o Konrad levantou os binóculos e declarou: "Bogie confirmado hostil", disse, com voz calma e séria.

"Homem de meia-idade em crise de meia-idade." "Ele está indo na direção do carro", alertou o Konrad.

O Paulo segurou um gemido enquanto via o homem se aproximar do carro. "O que a gente faz?", perguntou.

"Atacar", disse o Konrad.

"Nada", disse a Amélia, fazendo careta para o Konrad.

Enquanto o homem abria a porta e se sentava no carro, o Paulo disse: "Alguma coisa." E se levantou e começou a descer a colina.

A Amélia e o Konrad se olharam, chocados. Depois se levantaram e foram atrás do Paulo.

O Paulo chegou perto do carro bem na hora em que o Mike também chegou. O Mike olhou para o Paulo, curioso, enquanto se aproximava do homem.

"Belo carro!", disse o Mike.

"Sim, é mesmo. Mas eu não posso pagar. O que você tem abaixo de vinte mil dólares?", perguntou o homem. "Eu mostro", disse o Mike, piscando para o Paulo enquanto levava o homem para ver outro carro.

O Paulo virou e saiu do pátio. Encontrou o Konrad e a Amélia na calçada. "Vamos fazer barquinhos de folha", disse o Paulo.

E os três seguiram para o riacho.

Capítulo 10 – Problemas com a caixa

O Paulo ficou encarando a caixa mágica, aberta, bem na frente dele. "Eu não sei, Amélia", disse ele. "O que vai acontecer quando os centavos dobrarem de novo hoje à noite?"

Os dois olharam para a caixa, que já estava quase cheia. O Paulo conferiu a lista. "Dia 12", leu, "2.048 centavos, US$ 20,48." "Dia 13, 4.096 centavos, US$ 40,96."

"Uau", disse a Amélia. "Quarenta dólares. É bastante."

"Não o suficiente para um carro", lembrou o Paulo.

"Então... o que você acha que vai acontecer hoje à noite, quando dobrar?"

"Talvez eles simplesmente transbordem e caiam para fora", sugeriu a Amélia.

"Ok", disse o Paulo, "mas isso conta como 'tirar' os centavos, ou eles vão continuar dobrando?"

"Não sei", respondeu a Amélia. "Talvez a caixa fique maior."

"Talvez... mas quanto maior?", perguntou o Paulo.

"Não sei. Você consegue descobrir?"

"Acho que sim", disse o Paulo.

A Amélia e o Paulo ficaram ali um tempo: o Paulo com cara de quem queria chorar, e a Amélia com cara de quem estava pensando em doze coisas ao mesmo tempo.

"Amanhã você vai saber o que a caixa faz", disse a Amélia. "Lembra das minhas fotos de fadas?"

"Sim", disse o Paulo, sem entender onde ela queria chegar.

"Eu não sabia se ia conseguir alguma foto ou não. Mas tentei mesmo assim."

"Ah, é! E aí? O que aconteceu?", perguntou o Paulo, percebendo que tinha esquecido completamente do projeto da Amélia.

"Eu consegui uma foto de uma libélula", disse a Amélia, feliz. "Eu acho que a fada viu a câmera e saiu correndo bem na hora!"

"Que legal! Talvez na próxima", disse o Paulo.

"É... talvez na próxima."

"Então, o que a gente vai fazer com a caixa?", perguntou o Paulo.

"Esperar", disse a Amélia, paciente.

"É... esperar", resmungou o Paulo, desanimado.

Eles levaram a caixa para o quarto do Paulo. "Deixa a porta aberta, Paulo!", chamou a mãe do Paulo. "Eu sei, mãe!", respondeu ele.

O Paulo destrancou o armário e colocou a caixa lá dentro, junto com os bichos de pelúcia antigos. "Espera aí", disse a Amélia.

"E se os centavos transbordarem? Eles vão se perder lá no fundo do armário e... talvez a caixa pare de funcionar."

"Ah", disse o Paulo, olhando em volta.

Ele colocou a caixa com cuidado em cima da cama, depois limpou o topo da cômoda. Pôs a caixa exatamente no centro da cômoda, só por garantia, caso os centavos caíssem.

"E aí, ficou bom?", perguntou o Paulo, com um sorriso satisfeito.

"Ficou perfeito!", disse a Amélia.

Naquela noite, o Paulo ficou vigiando a caixa o máximo que conseguiu.

Na manhã seguinte, o Paulo saltou da cama e correu até a caixa. Ela estava MUITO maior! Ele a abriu com cuidado. Estava cheia de centavos. Pegou a caixa no colo. Estava pesada!

O Paulo levou a caixa até a balança antiga de cartas da mãe e pesou. Dava quase 23 libras. Ele começou a se preocupar de novo. Guardou a caixa e ligou para a sua consultora número um.

"Oi, a Amélia está aí? Ótimo! Posso falar com ela? ...

Oi, Amélia... Sim, a caixa ficou maior. E está bem pesada também. ... Bom, talvez não. Aqui está o problema: até que tamanho essa caixa vai ficar, e quanto ela vai pesar? ... Ok, te vejo já já."

A Amélia chegou em poucos minutos.

"Quanto está pesando agora?", perguntou a Amélia.

"23 libras", respondeu o Paulo.

"E amanhã, quanto dá?", perguntou a Amélia.

"Hmm...", disse o Paulo, fazendo a conta na cabeça. "46 libras."

"Hmm", disse a Amélia. "Está ficando pesada. Quanto isso pode chegar a pesar?"

"Pai!", chamou o Paulo. "Quanto pesa um centavo?" "Procura online!", respondeu o pai, lá de longe.

O Paulo e a Amélia foram até o computador e pesquisaram: "How much does a penny weigh?"

No site kokogiak.com, eles encontraram que 200.035.318.672 centavos tinham uma largura de 253,44 pés, uma altura de 126,72 pés e uma profundidade de 126,72 pés.[1] A Amélia multiplicou os três e obteve 4.069.729 pés cúbicos. Depois, dividiu o volume pelo número de centavos e chegou a 0,000020345 pés cúbicos por centavo. No site parkpennies.com, eles encontraram que existem 181 centavos por libra.[2] Então a Amélia dividiu 1 por 181 e obteve 0,0055 libra por centavo.

O Paulo colocou na planilha as fórmulas de volume (=Centavos*0,000020345*) e de peso (=Centavos*0,0055*) e, para o "lado", usou a raiz cúbica do volume. Depois copiou as novas células para o resto da tabela:

Tabela de Dobrar Centavos

Dia	Data	Centavos	Dólares	Volume (pés³)	Lado	Peso
1	07 jul.	1	$0,01	0,00002	0,03	0,0055

Capítulo 10 – Problemas com a caixa

2 08 jul.	2	$0,02	0,00004	0,03	0,0110
3 09 jul.	4	$0,04	0,00008	0,04	0,0221
4 10 jul.	8	$0,08	0,00016	0,05	0,0442
5 12 jul.	16	$0,16	0,0003	0,07	0,0883
6 13 jul.	32	$0,32	0,0007	0,09	0,1766
7 14 jul.	64	$0,64	0,0013	0,11	0,3533
8 15 jul.	128	$1,28	0,0026	0,14	0,7066
9 16 jul.	256	$2,56	0,0052	0,17	1,4131
10 17 jul.	512	$5,12	0,0104	0,22	2,8262
11 18 jul.	1.024	$10,24	0,0208	0,28	5,6525
12 19 jul.	2.048	$20,48	0,0417	0,35	11,30
13 20 jul.	4.096	$40,96	0,0833	0,44	22,61
14 21 jul.	8.192	$81,92	0,1667	0,55	45,22
15 22 jul.	16.384	$163,84	0,3333	0,69	90,44
16 23 jul.	32.768	$327,68	0,6667	0,87	181
17 24 jul.	65.536	$655,36	1,33	1,1	362
18 25 jul.	131.072	$1.310,72	2,67	1,39	724
19 26 jul.	262.144	$2.621,44	5,33	1,75	1447
20 27 jul.	524.288	$5.242,88	11	2,2	2894
21 28 jul.	1.048.576	$10.485,76	21	2,77	5788
22 29 jul.	2.097.152	$20.971,52	43	3,49	11576
23 30 jul.	**4.194.304**	**$41.943,04**	**85**	**4,4**	**23153**

"Vinte e três mil libras!", exclamou o Paulo. "Como a gente vai levar isso tudo para o banco?"

"O que é... oitenta e cinco pés cúbicos?", perguntou a Amélia, só um pouquinho impressionada.

O Paulo digitou na calculadora 85^(1/3). "É uma caixa com um pouco mais de quatro pés de lado", informou.

"Isso não é tão ruim assim", disse a Amélia.

"É... mas vinte e três mil libras! Isso é mais de onze toneladas!", disse o Paulo. Ele pensou por um segundo e então gritou:

"Pai, um caminhão aguenta vinte e três mil libras?"

"Um caminhão com semi-reboque aguenta, Paulo. Por quê?", respondeu o pai.

"Porque a gente vai precisar de um caminhão com semi-reboque daqui a dez dias."

Capítulo 11 – Tentação

Você já estava só passeando por uma loja e, de repente, viu uma coisa tão fantabulástica que pensou: "Eu PRECISO disso!"? O Paulo e a Amélia estavam quase saltitando pelos corredores, se sentindo no topo do mundo. A Amélia estava feliz porque o Paulo deixou ela segurar a mão dele. O Paulo também estava feliz... só que ainda não tinha percebido que era porque estava segurando a mão da Amélia.

De repente, o Paulo soltou a mão dela e soltou um "Uaaaaau!" bem longo.

"Uau... o quê?", perguntou a Amélia, meio irritada.

"Uau... aquilo!", respondeu o Paulo, sonhador. Ele apontou para um computador. No preço, dizia: "299,99". "Processador dual-core, 4 GB de memória", disse o Paulo, falando como um mini-leiloeiro.

"O meu celular tem isso", respondeu a Amélia, se sentindo um pouquinho culpada por ter ficado com ciúme de um computador.

"Mas esse tem 1 terabyte de disco rígido, gravador de DVD e monitor de 23 polegadas!", gritou o mini-leiloeiro.

"Hmmm", disse a Amélia, observando as mãos do Paulo passando devagarinho pela caixa enorme. "Você está juntando para um carro", completou ela, rápida e bem firme.

"Ah", disse o Paulo, saindo do transe. "É... mas um computador também é legal."

"Hunf", resmungou a Amélia. Tentando puxar o Paulo para longe, ela disse: "Vamos conferir a caixa", e estendeu a mão para pegar a dele.

"Sim, vamos!", gritou o Paulo, ignorando a mão da Amélia, e saiu correndo pela porta.

Decepcionada, a Amélia correu atrás.

O Paulo e a Amélia ficaram encarando a caixa. "Dia 16", leu o Paulo na planilha, "trezentos e vinte e sete dólares e sessenta e oito centavos."

"Isso dá para comprar aquele computador que você viu", disse a Amélia, com uma careta. "É...", disse o Paulo.

"Mas não dá para comprar o carro", disse a Amélia, esperançosa.

"Não", disse o Paulo. Ele se sentou no chão, de pernas cruzadas, olhando para a caixa em cima da cômoda.

A Amélia sentou ao lado dele e colocou a mão no ombro do Paulo, olhando para o rosto dele. Ela queria MUITO, MUITO mesmo, que o Paulo conseguisse aquele carro. Em parte porque ela já tinha decidido que eles iam se casar... e ela queria MUITO dirigir o carro também.

Então uma ideia apareceu na cabeça dela — pronta, perfeita, brilhante.

"Onde está a anotação da concessionária?", perguntou ela.
O Paulo pegou o papel e entregou. A Amélia puxou o impresso da planilha da mão do Paulo, comparou os números e abriu um sorriso de orelha a orelha. "Olha! Você pode ter os dois. Quarenta e um mil na caixa no dia 23, menos trinta e oito mil do carro... sobram três mil para um computador."

"Isso é MUITO computador", disse o Paulo, com o entusiasmo crescendo junto com o sorriso.

"Ok", suspirou ele. "A gente espera."

A Amélia ficou olhando as folhas, satisfeita. Aí percebeu um problema. "A caixa vai pesar vinte e três mil trezentas e duas libras. A sua cômoda aguenta isso?"

"Hm... acho que não. Cadê minha calculadora?"

O Paulo deu um pulo e pegou a calculadora. "Quanto você pesa, Amélia?", perguntou ele, usando um truque que o pai tinha ensinado para entender números grandes.

"Cento e duas libras", respondeu ela.

Ele digitou: 23.302 ÷ 102 =. O resultado foi 228,45098039215.

Capítulo 11 – Tentação

"Isso dá mais de duzentas de você", disse o Paulo.

"Quebraria", disse a Amélia, desanimada, imaginando duzentas dela empilhadas em cima da cômoda.

"Com certeza quebraria", concordou o Paulo. "A gente tem que pôr a caixa na garagem."

"Mas a garagem está cheia de carros", reclamou a Amélia.

"Está mesmo. Vamos falar com o meu pai."

Eles foram para a cozinha e encontraram o pai do Paulo. "Ah... pai?", começou o Paulo.

"Oi, Paulo! Oi, Amélia! Você está mais bonita do que nunca!"
A Amélia fez uma reverência de brincadeira.

"Ah, pai... a gente tem um problema." O pai do Paulo olhou para ele, curioso. "A gente precisa de espaço na garagem."

"Pra quê?", perguntou o pai.

"Pra... uma caixa", respondeu o Paulo.

"Que tamanho de caixa?", perguntou o pai.

O Paulo olhou o gráfico. "Cinquenta e duas polegadas por cinquenta e duas polegadas por cinquenta e duas polegadas", disse.

"Isso é uma caixa bem grande", disse o pai do Paulo. "Para que é?"

O Paulo pensou com força em como explicar uma caixa mágica para o pai. Aproveitando o silêncio, a Amélia explicou:

"Então... o Luiz deu ao Paulo uma caixa mágica que dobra os centavos dentro dela todo dia. O Paulo colocou um centavo lá, e hoje é o dia 16, então agora tem trinta e dois mil setecentos e sessenta e oito centavos lá dentro. O Paulo está juntando para um MGB Roadster 1974 verde metálico, que custa... trinta e oito mil oitocentos e seis dólares e trinta e oito centavos. No dia 23 ele vai ter centavos suficientes para o carro e para um computador. Só que os centavos vão pesar mais de vinte e três mil libras, então não dá para deixar a caixa em cima da cômoda."

"Quero ver essa caixa", disse o pai do Paulo, desconfiado.

O Paulo foi na frente até o quarto e apontou para a caixa no móvel.

O pai do Paulo ficou olhando por um instante e disse: "Ela parece maior do que ontem."

"Pai, você entrou no meu quarto?", perguntou o Paulo, incrédulo.

"E quem você acha que passa o aspirador no seu quarto?", disse o pai, com um sorriso. "Ah... é. Obrigado", disse o Paulo, sem graça.

"Quanto ela pesa agora?", perguntou o pai. "Cento e oitenta e duas libras", disse a Amélia, consultando a colinha dela.

"Isso é mais do que eu consigo levantar", respondeu o pai. Ele olhou para o relógio. "O Ron, ali do lado, já deve ter chegado. Fiquem aqui que eu vou chamá-lo."

O Paulo e a Amélia se olharam, pensando se era uma má ideia mais gente saber da caixa. Logo o pai voltou com o Ron.

"Caixinha pequena para cento e oitenta e duas libras", disse o Ron, colocando as mãos ao redor dela. Tentou levantar e concordou: "É... pesada mesmo."

O pai do Paulo e o Ron deslizaram a caixa até a borda da cômoda e levantaram juntos. Levaram a caixa até a garagem. O pai do Paulo já tinha tirado o carro da vaga. "Bem no meio", disse o Paulo.

O pai e o Ron sorriram com a pressa do Paulo, mas

colocaram a caixa bem no meio do espaço.

O Paulo pegou uma trena da bancada e mediu rapidinho. Satisfeito por ver que a caixa tinha espaço suficiente para crescer, agradeceu ao pai e ao Ron.

Capítulo 12 – Ao banco

O Paulo fez a mesma pergunta que vinha fazendo nos últimos cinco dias: "Hoje é dia 30?"

O pai do Paulo deu a mesma resposta que vinha dando nos últimos cinco dias: "O que você acha?"

"Sim?", perguntou o Paulo, meio inseguro. "Mais uma vez, você acertou!"

"Então quando é que a gente vai?", perguntou o Paulo.

"São cinco da manhã", disse o pai do Paulo, "e eu ainda nem beijei a sua mãe."

O Paulo fez uma careta. "Eu vou embora", disse ele, tentando parecer enojado.

"Só às sete", completou a mãe do Paulo. "Eu ainda nem beijei o seu pai." O Paulo saiu antes que aquela conversa fosse ainda mais longe.

Alguns minutos depois, houve uma batidinha bem baixinha na porta da frente. Quando o Paulo abriu, era a Amélia.

"Oi, Amélia", disse ele. "Pronta para o Dia C?"

"Dia C? O que é isso?", perguntou ela.

"Dia do Carro!", gritou o Paulo.

"Shhh!", disse a Amélia. "Não acorda os seus pais!"

O Paulo pegou um tabuleiro de damas e os dois jogaram até os pais do Paulo acordarem. O pai do Paulo correu pela cozinha preparando o café da manhã, enquanto a mãe do Paulo se arrumava para o trabalho. Quando eles finalmente se sentaram para comer, o Paulo perguntou ao pai: "Como é que a gente vai colocar a caixa no caminhão?"

"Hmmm. Boa pergunta. O que você acha?", respondeu ele.

"Um guindaste?", sugeriu o Paulo.

"Aí a gente teria que tirar o telhado para o guindaste conseguir pegar a caixa."

"Uma escavadeira?", tentou o Paulo.

"Isso ia arrebentar a caixa", respondeu o pai.

"Um carrinho de mão?", perguntou o Paulo, torcendo para não ficar sem opções.

"Isso pode funcionar. E onde você vai pôr os centavos?", perguntou o pai.

"Jogar no chão do caminhão?"

"Acho que é uma viagem curta. Deve dar certo."

Quando eles chegaram ao banco com 4.194.304 centavos, o segurança chamou o gerente do banco, o gerente chamou o gerente regional e o gerente regional chamou um vice-presidente. O vice-presidente arrumou 839 sacos vazios de centavos para colocar as moedas.

Eles começaram a despejar os centavos na máquina de contar moedas, e um funcionário do banco foi colocando um saco novo cada vez que um enchia.[1] O banco abriu uma conta para o Paulo e depositou US$ 41.943,04. O Paulo recebeu um cheque de US$ 38.806,38 para o carro verde.

Capítulo 13 – Um passeio pela cidade

O Paulo abriu um sorrisão ao entregar o cheque de US$

38.806,38 ao Mike. "Você conseguiu o dinheiro!", disse o Mike, empolgado.

"Parabéns! Vamos fazer a papelada."

"Podemos ver o carro primeiro?", perguntou a Amélia.

"Claro!", disse o Mike.

Ele levou os dois até o MGB Roadster verde. Quando o pai do Paulo viu o carro, a boca dele ficou aberta. "Esse é o seu carro?", perguntou ele ao Paulo.

"Isso, senhor. É todinho meu", respondeu o Paulo, baixinho... e então, bem generoso, disse para a Amélia:

"Mas você pode dirigir um pouquinho." A Amélia, também sorrindo, encaixou o braço no do Paulo e disse: "Uau!"

"É... uau", disse o Paulo. "Uau de arrepiar!", disse o pai do Paulo.

"Prontos para a papelada?", perguntou o Mike. "Claro", disse o Paulo, sem a menor vontade de se afastar do carro.

Enquanto eles iam em direção ao prédio, o Mike explicou que, por causa do seguro, o carro precisava ficar registrado no nome de um adulto.

"Eu também posso ficar registrado no carro?", perguntou o Paulo.

"Pode sim", respondeu o Mike, satisfeito.

"Ah, que bom", suspirou o Paulo, aliviado.

O Mike imprimiu um monte de formulários e foi explicando tudo, principalmente para o pai do Paulo. O que foi ótimo, porque o Paulo só conseguia pensar no carro e não estava prestando muita atenção em mais nada.

Finalmente, toda a papelada foi assinada. O Mike começou a entregar as chaves ao pai do Paulo... parou no meio do movimento e entregou as chaves ao Paulo.

O Paulo abriu um sorriso de orelha a orelha, pegou a mão da Amélia e saiu correndo até o carro. "Ele não vai dirigir de verdade, vai?", perguntou o Mike ao pai do Paulo. Os dois se olharam, alarmados, e correram atrás do Paulo e da Amélia.

Ainda bem: o Paulo nem tinha ligado o carro. Os braços dele estavam agarrados ao volante, e o rosto dele parecia... em êxtase. A Amélia estava no banco do passageiro, feliz da vida, amarrando um lenço na cabeça.

O pai do Paulo e o Mike ficaram observando por um minuto, curtindo a alegria dos dois. Aí o pai do Paulo disse: "Se vocês querem dar uma volta, se ajeitem aí."

O Paulo foi para o banco do passageiro com a Amélia, e todo mundo colocou o cinto. O Paulo deu um beijo na bochecha da Amélia e segurou a mão dela. A Amélia sorriu. "Pai, você pode passar pelo parque?", pediu o Paulo.

Quando chegaram perto do parque, o Paulo e a Amélia começaram a gritar para as crianças que conheciam: "Olha o meu carro!", gritou o Paulo.

"Olha o nosso carro!", gritou a Amélia — e o Paulo nem ligou.

Eles entraram no estacionamento e foram imediatamente cercados por gente admirando o MGB Roadster 1974 verde. "Totalmente restaurado", anunciou o Paulo.

"Não é seu", provocou a Fran.

"Claro que é o carro do Paulo", respondeu o pai do Paulo, com um sorriso.

Depois de um bom tempo, o Paulo sugeriu: "Vamos descer pela rua principal."

Eles entraram no carro e colocaram o cinto. A Amélia, toda sorrateira, pegou a mão do Paulo. Logo estavam passeando devagar pela rua principal, e o Paulo e a Amélia acenavam e gritavam para todo mundo. O Paulo ainda deu outro beijo na bochecha da Amélia.

Capítulo 14 – A Caixa

"Obrigado, Luiz", disse o Paulo, empurrando a caixa pelo balcão.

"Agora ela é sua", disse o Luiz. "Você decide quem vai receber depois."

O Paulo pensou por um minuto. "Mas como eu vou saber para quem eu devo dar?"

"Você vai saber."

O Paulo saiu da loja e foi andando pela rua, pensando em quem poderia ganhar a caixa. Acabou chegando ao riacho. Ele olhou para cima e viu uma árvore que, de repente, parecia... mágica. O Paulo foi até a árvore e subiu. Aí ele percebeu: era ali que a caixa precisava ficar.

O Paulo colocou a caixa em um galho, bem perto do tronco, e desceu.

Então, se você encontrar uma caixa de madeira velha, toda surrada e suja, coloque um centavo dentro. Se ela dobrar no dia seguinte, descubra o que você realmente quer... e junte dinheiro até conseguir.

O Poema

Esta história começou como um poema. Depois, eu li num site de autores sobre um livro que também começou como poema e acabou virando um livro em capítulos. Pensando bem, eu decidi que o formato de história também seria melhor para este livro. A história do poema é um pouco diferente da história do livro por alguns motivos — e o mais importante é que algumas palavras rimam com mais facilidade do que outras.

Observação: rima e ritmo não se traduzem bem e vão se perder na tradução.

Um Centavo, Dois

Jack tinha um centavo.
Foi até a mercearia.
Com chocolate na cabeça,
Queria mais do que queria.

"Com um centavo? Nada",
Disse o Luiz, sorridente.
"Mas há um jeito, sim,
De você comer decente."

"Esta caixa é mágica,
Eu juro que é real!
Seu centavo dobra a cada dia,
E dá dinheiro... sem igual!"

Jack olhou para a caixa,
Com dúvida no olhar.
"Está velha e toda batida!
Eu não vou nisso entrar!"

"O que você tem a perder?"
Luiz perguntou, com um riso.
"Um centavo não compra nada.
Então tenta! É só isso."

Jack assentiu um pouquinho.
O velho Luiz tinha razão.
O centavo foi lá pra dentro,
E Jack saiu num clarão.

No dia seguinte aconteceu,
Sem trombeta, nem flauta.
Lá dentro da caixa:
Dois centavos! Que pauta!

Jack correu até a loja,
Todo alegre, animado:
"Dois centavos!", ele disse.
"Agora eu compro o quê, Luiz amado?"

"Dois centavos é melhor
Do que só um, isso é fato!
Mas não compram nada, não...
Nem um pãozinho barato."

"Sem problema!", disse o Luiz.
"Em mais um dia só,
Você traz quatro centavos —
E aí você volta, ó!"

O Poema

Com um suspiro, Jack saiu,
Caixa firme na mão.
Imaginando quatro centavos
Como uma grande invenção.

"Mas…", disse Jack em voz alta,
"Quatro é muito legal.
Oito é mais… dezesseis é melhor…
Eu espero — sem mal!"

"O que eu quero agora?
Chocolate pra comer?
Bicicleta? Não: um carro!
Um carro verde pra valer!"

Então Jack saiu correndo
Até a loja de carros ali.
E viu o seu sonho verdinho:
"É meu! Eu já senti!"

"Quarenta e cinco mil!",
Disse Jack, com um sorriso.
"Quarenta e cinco mil!
Quando? Ai, quando eu finalizo?"

Jack fez as contas direitinho,
Cada dia a dobrar.
E a conta bateu certinha:
Vinte e quatro dias! Vai dar!

"Só três semanas pra eu ter
Aquele carro verde, enfim!
No meu carro super verde,
Eu vou bem longe, assim!"
Quatro centavos, oito agora,
Dezesseis, trinta e dois.
Sessenta e quatro centavos,
No tempo certo, depois.

E no dia dez…
Uau, tinha MUITO mais:
Lá dentro da caixa havia
Mil e vinte e quatro, e mais!

Agora a caixa estava cheia:
"O que acontece hoje à noite?
Quando dobrar de novo…
Ai, que medo! Que açoite!

"Será que a caixa quebra?
Será que ela se parte?
Será que para de dobrar?
Ai, meu Deus… que descarte!"

De madrugada bem cedinho,
Jack pulou da cama, contente.
E sorriu quando viu:
Não havia nada assustador, de repente.

Lá estava a caixa,
Muito maior do que já foi.
Dinheiro brilhando à beça,
Cintilando… uau, que show!

Enquanto Jack esperava,
Jogou beisebol no quintal.
E viu a caixa crescendo,
Dia após dia… fenomenal.

Até a panturrilha agora,
Depois até o joelho, enfim.
Pesada demais pra carregar.
Então ficou ali, assim.

Foi para a garagem —
Mas não em qualquer canto.
Maior e maior,
Densa, num espanto.

No dia dezoito,
Ele anotou com mão segura:
Cento e trinta e um mil
E setenta e duas — que loucura!

"Com isso você compra",
Disse a mãe, bem contente,
"Um celular muito bom
Pra mostrar pra toda gente!"

"Eu até impressionaria",
Disse Jack, muito esperto,
"Mas com um carro esportivo verde,
Celular fica no deserto!"

No dia vinte e três,
Alugaram um caminhão.
E carregaram tudo, tudo,
Com centavos aos montão.

"Pro banco!", gritou Jack,
Enquanto iam na estrada.
"Meu Deus...", disse o atendente,
Vendo aquela dinheirama empilhada.

Na máquina eles despejaram,
Centavo por centavo, sem parar.
E despejaram e despejaram...
(E ela contou sem cobrar!)

O banco deu um cheque ao Jack:
"Tome cuidado com isso, viu?
Dinheiro vai embora rápido,
Como mágica: sumiu!"

A mãe do Jack pegou o cheque,
E foram ao vendedor.
Num piscar de caneta,
Quarenta e cinco mil... e pronto! Comprou.

Agora você consegue ver
Jack dirigindo pela cidade:
Às vezes com a capota fechada,
Às vezes aberta — liberdade!

E tudo isso só porque
Jack esperou, sem reclamar:
Pros centavos dobrarem,
E virarem dólares... pra brilhar!

100 anos de centavos

No sonho do Paulo, os arqueólogos encontraram a caixa de centavos depois de 100 anos. Quantos centavos eles encontrariam? 1 centavo dobrando todos os dias por 100 anos dá:

```
1320053785646607675131677879371676513625135934287894
8911917402797761118692109718196812486486986057901948
9055969660819814067629116821186798375440512448786736
7725785636474248069106891685197458342134780686057050
8500001481691125726132431110849737477754635705630 67
8224303164274505613996766084918377836872128313448585
2384783342253314066577203095527352047715642439278346
7346969674609613643991379852478687622300139908696400
2005710496492690944762822592668952556565600285580699
5038398905245295319680275375252237824093745786061668
0364204057190121730358890557565668302454797579550904
9041455969001250438626662596194713670990740314668826
3782009818464053098922290655711073863347842289559010
2745320964747192396243197083327094099373252240926700
3286825316315267505943241013774439546187561976473011
9074856652898053840807139071408507004741048239027288
9631269657548899996633972171397899845389695169 04953
7808389661129003025397527972714880177103625118380794
0387890419889587384850604155848400469921477774524493
9289662524688058682186388995947653130609506702247392
1746528806552257960834565757386993874145607006038823
5354161191502854339178549641465584624373690873000096
4361025145390958465256711775203911621654635414702273
6259157675594286721541691522746716937844622428518437
2630898289331953187154516591954037264468324087853792
8228679171769883756135937602720515248270083877358699
2018744851434271844807742291942901293270862260009946
5136762883806823737234279769918136436145090816 32179
```

```
7935602902272359115715317032484831755390795907546812
1541346800420970841209686245874822736530236678348560
0650052758567763437542362568933971161854360469886695
9012721976764526302383633833851154490573163683742728
5157729303546315075379621808897745683629687767457992
3098387169199358404636941273879990519687713315953964
1040382022314267661943943164744677612551007789499655
6502863428987784081380825763771817656177973843909172
1856356496868005529067716962207552678873539792973772
9883882343930491372621972193427761733919283020190719
9076128388172455330574806098743418185450484869980825
9324436634343000995794016404207554787550806464823494
7519763710213660495010391028147255800237329969591823
3280492136371817079371898469571368597998432188325570
1780974802847293510545873799600392226587648518812185
5402078234066976489354888990822873363398317957175089
9610171117666832920946923979640283899779386615310816
4715096762374122325525045720921294635535568176584358
8627462698508061246482198186334858146813601943712327
4074717490780654749763997459438752902765588532196327
8450595033183014593050340548735494234565413254220504
2638897819936523971380009390953211208542729923892947
5349982617859498448386160824498211183807617868769198
4801741516211404677952490631389439803283205497069346
8984780079171804844146330383839797429655804624046637
8535856313989333352567868610084278147355588503640949
6622078458941913734124320191577093519830719126119610
8358354029820649773797219298579433594080122601553882
1462641924437692130492188164547133758783220412568678
5698661570687051483745785305831992777575877184450980 (?)
8756528559350225452355249336547324858065602864719668
2749719769400295083016727874859579587817747060535761
7293078148489329633698192762401301803757514687647440
9038917856426949596519272237668658209168029528250747 (?)
9955006062639008386897041805596896974206474136937248
9474731612852993190662519358716448884069456517718634
3562885064227412806982810205914043344662942405497553
9090478070386312341419856931805834444936360938676274
0724057110397456585675926730639839724270142994526545
5945039429487458729988935374490671757271317276264857
2000282337436903482289880116772002603248528600960321
5742907098691154196971597568975820764726924388501252
8878413028239014048726901815920180430056797256504
9817573211419186861413366472975922483203465252533744
0825938958949193497947799609735194922306978745259380
7174505080125821259399380474308759452963071345598600
7750959631126284488558945459076096697227855517584317
```

Um Centavo, Dois

```
4255028670207754122779562791486354988930511062429349
9072969542611370482937829393678204752562907063438749
7230019622362952356455632713269168456210610921145496
7145160539573940584300724022982654725395096657448385
3908178856266355844440162311067986350049384789425668
3414101145903549783984771810793866142089344938080015
7778617720304827321682254975896386416337391549453495
0582491954487678782830201470477470679293496041491508
0374673667886207179152231682871551470315921024126256
0452586396459833010979598672512475100304749813550498
7397689514444760241797440150418314839232496177736460
9458090338064285312915249606347817348842801083530131
6902317292336539892594028751806892368860533070824200
1733008517381741839656844972713451326290278514142182
1316901803759917781601980436674130975655343052066171
3362421661146631453694758895829220070846536515305881
9976984372999783020372953908018064763526484360269347
9176950053588043869524296509933037896395185718996465
6428020586892285885867047980095195372225908744652452
5782745057918096764777730825610802022464751357752336
3526180281945888456714598778307509995526456388763620
6908581149081613797861967490063040155906511287054378
2412212942945656102882698707776284409837289400457405
5161416476126748452986315222446619792634006120422259
1405797753994218120716433182547496587407514611092522
7020441398485749415293559326820728727058737111549972
8780328891905885714072372512072713705426436030126790
6181653713594754179565026166356505303682025512499143
4586729391202162324739331833142562463547070956009217
1776648066550025496703035668929478442786624632999591
9272752761647330227883516226708579403391383874699062
6017049948254366364809511762789788529880622799477420
7302957566013903123876670959173937281487214985076680
4854362898353831199024506598725340902100084362959177
1978901108999561844833752617217659069660895714502760
9406122094806946654305137979449569989261616650155214
4689044707008559207211302365071832322932702631807261
7143354144324164566084154544343989218390887595051609
4933862529334625130193625434920580201883734942996251
1371579029914633694328817354748870107636925889942580
7771112059815742440755477194742034997582931195892249
3951714488460027483018602146584913596400454604037219
0449878230153161513375751400595775336129892246024875
4816264367672428264324658619785747816468249810275626
3625866791166074138807181050030385500101264917392561
7008832858078594095078003669262160845892078149688201
0581422052549960073657316907455187853264802917475857
```

```
7945271324968151782654709430180655842052765697604209
0462314224843694330674930585006575965294485317359854
2993460532240269518345107116189812416687777862110971
8632763406366396009257432666064223110865365302664394
0873874509277324011917864092488935120062374449976891
3192303420992902856554255362084030839596580344423471
5277579370587718293975981663304219848340719008611277
4818180311863521088640190575342260316580632069984257
8155135026164652563941807239686073933799373453010955
3459965880590653384985939688006849792764769749109074
0684788323287101573152482133194257313055312676860117
6266576836588569563522921939164137377218046378449877
7386219352412207673611030509755314078799863607108405
5577430479395937495847060054706957447195470345672555
5135091562413408307029445114747767356623253209274556
0429855260719928250921345723966036515524319945628339
9765858087104712140884387052950517339163389868861685
1202050912438382244493490055737976742915399526491261
6080013333360797688737502439959963919437627370906405
6806177935100835406597684888795335654725376106493260
2715866629092795886377809604645669595578036342471144
1084352527206420320168140484050197999648786631886315
8084314512261093235506101840660087582696261759077450
5840542130677297465966065658133712065922770532913834
1671145474366708033502844174164181612858241195186041
6157896366414995680643779569491088452413148553463363
8455850949873659243906913796627061303160374144164688
3269036450226325667649281267927578189159695803275347
0778379418782162577128979025651480709086963571883015
5158142143086880331162100826850054265892786898[3]315
3022410794093474634959706965036116972994285638819608
0725540082675267296196407490686825051474647254816900
2013336255248561081594515166420057696122244447647570
4451482248410656745205014113657355777020447388827553
8820196947776827059152115309908586008797896837550752
2292046534209400126055345347109620500096580967816822
9951282149397488201294400948077099399519196819818969
3022284203843706220626788024527621331496102212422698
2927281902291115621230678998612965562793811724[1]1983
6761592803438043159261343344984617832889006316952707
2769148413352043835794000036339029735943503181066645
9961273301309654760253290593935922022277168944544700
0621456027768826035730520092825734102347555036018773
1344020655374359011716064059131089078795009744768134
0924928087142936288954854681326280659115290193994654
2139477401098842361272349100509171526801058416645[8]9
5953001137864877438003465477560010093210910045838102
```

Um Centavo, Dois

6984448197019370381441738266244452453093075325873508
4927725298046663910166144726066577789651756912446526
2600813171068591989990571290156503156635464364569828
0315150086033423312945807154942687987478790809395141
6121849741555521422535668702026660288478768622271000
5482661589477448910177300296517962113145926594462675
2466338064106412581555901989299462833142741161936247
5616022351072819470708357980186404660861970262826736
7642144257268442653275781462508662972094711919618398
5322552588018167667193052233043332745735615793995748
8477587258959610638007400778307181875518626644375951
4922039077323721236590374360693355969048622322883020
2750162115674365393957832771368573690531497491664254
0493161540138642814865995922353132874919161372920409
7920855666154551743291118938482206875650176162442274
3832160216887158161002218550168208798254255980890838
4923304595940951378206788156266203524564392479407943
2631472887508967778502622175225052182664020470305296
5697174316031873713527210996538421775545291665775600
4628805205442234528047517079282009401529615674944010
0491902817073848974444357296934265013184733107790721
7364017814244455789952497653689563289329963935340407
6793530892236832347820082111166655991127248985000799
5600649599093784401447701894452686048105371576808572
5343420496699127080554203628742241751024938692493472
9361444231274251826792859192727941724193090324983848
8438233682776545203987775608103899667905798789188050
9813807171271673882428787773665279589643830070227370
3968335536422173812448336770911966426312849375728478
1292380442239660335656392510177366095838219477662010
6104696173911179553969378044844872494168671830976435
3882705934045110080311055591206887969037895551775212
1129532271091019430939326686413764958789676065495637
9014828244511999635986820982470762980131946397983156
2224541467962088513173452701551889548299723975681240
0608729277024021298192106900642433404396902187423 50
8106346374075176445190581739991617638209084804206410
0515558611134674566719526594005311069253501250169901
5498273788794201704467532796495613738348406395922748
7087693459399426527211618090084331257727137491960318
1074252428143199355054779411845369629475636050713062
1991515102463676676566929135515969131313048798905717
8509876882034183708344 32 centavos, o que dá proximadamente $1{,}32 \times 10^{10996}$ centavos. Para comparação, na época em que este livro foi escrito, estimava-se que

havia apenas 200.035.318.672 ($2,0 \times 10^{11}$) centavos em circulação nos Estados Unidos.[2]

Quando este livro estava sendo escrito, estimava-se que a massa do universo fosse de aproximadamente 3×10^{52} kg.[3] Para comparação, com 2.835 centavos por quilograma, os centavos encontrados pelos arqueólogos pesariam cerca de $4,66 \times 10^{10992}$ kg, o que é mais de dez mil vezes a massa estimada do universo. Tente só encontrar um lugar para guardar todos esses centavos!

Receita

Purê de Batatas

Serve 4.

4 batatas médias

1 xícara de leite

1/2 tablete de manteiga ou margarina

1/4 colher de chá de sal

Com a ajuda de um responsável, descasque as batatas. Corte-as em cubos de 5 cm (2 polegadas). Coloque os cubos em uma panela com água suficiente para cobri-los, mais cerca de 2,5 cm (1 polegada) acima. Cozinhe em fogo alto até a água começar a ferver. Tampe a panela e reduza o fogo para cozinhar em fogo baixo, deixando ferver levemente.

Espete um garfo em uma batata para ver se está macia. Quando as batatas estiverem macias, escorra a água. Adicione o leite, a manteiga e o sal. Amasse as batatas. Use um garfo para bater o purê até ficar bem liso.

---

2 *http://www.kokogiak.com/megapenny/twelve.asp.*
3 *Jagadheep D. Pandian, What is the mass of the Universe? (Intermediate), http://curious.astro.cornell.edu/about-us/101-the-universe/cosmology-and-the-big-bang/general-questions/579-what-is-the-mass-of-the-universe-intermediate.*

Atividades de Aprendizagem

Atividade de Sala: Duplicação (Dobrar)

Peça para os alunos se espalharem pela sala ou pelo pátio. Explique que cada aluno começa no seu próprio grupo, ou seja, há 1 pessoa em cada grupo.

Explique que cada grupo vai dobrar de tamanho juntando-se com outro grupo. Peça que cada grupo de 1 aluno se junte a outro grupo. Se sobrar algum grupo sem par, peça que fique perto do professor e ajude a organizar.

Pergunte aos alunos: "Quantas pessoas há em cada grupo agora?" Explique: 1 dobrado vira 2.

Agora peça que cada grupo se junte a mais um grupo, como antes. Pergunte: "E 2 dobrado, dá quanto?" Peça para os alunos contarem quantas pessoas há no grupo deles.

Repita o processo de duplicação até os alunos formarem o maior grupo possível.

Atividade de Planilha

Comece uma planilha. A sua planilha vai ter três colunas. Coloque o cabeçalho "Dia" no topo da primeira coluna, "Centavos" no topo da segunda coluna e "Dólares" no topo da terceira coluna.

Na linha 2, digite 1 na coluna de dias, 1 na coluna de centavos e =B2/100 na coluna de dólares. Isso diz ao computador que 100 centavos é a mesma coisa que 1 dólar.

Na linha 3, na coluna A, coloque =A2+1 para os dias. Isso significa "um dia a mais" do que a linha anterior. Na coluna B, digite =B2*2. Isso significa "o dobro de centavos" do dia anterior. Na coluna C, digite =B3/100 para transformar os centavos em dólares.

Agora copie a linha 3 para as linhas abaixo dela um monte de vezes. Depois responda às perguntas:

1. Quanto tempo até você ter pelo menos 1 dólar?
2. Quanto tempo até você ter pelo menos US$ 100?
3. Quanto tempo até você ter pelo menos US$ 1.000?
4. Quanto tempo até você ter pelo menos US$ 1.000.000?
5. Quanto tempo até você ter pelo menos US$ 1.000.000.000?

Atividade com Calculadora

Na calculadora, digite 1. Isso é um centavo. Agora digite ×2 = para multiplicar por dois. No segundo dia, você tem dois centavos. Continue digitando ×2 = enquanto vai contando os dias.

1. Quanto tempo até você ter pelo menos 1 dólar?
2. Quanto tempo até você ter pelo menos US$ 100?
3. Quanto tempo até você ter pelo menos US$ 1.000?
4. Quanto tempo até você ter pelo menos US$ 1.000.000?
5. Quanto tempo até você ter pelo menos US$ 1.000.000.000?
6. Se um centavo pesa 0,0063 libra, quanto pesa um milhão de centavos? (Digite 0,0063×1000000.)
7. Se um centavo ocupa 0,0353 polegada cúbica, quanto espaço um milhão de centavos ocupa? (Digite 0,0353×1000000.)

Imaginação

Escolha uma coisa que você gostaria de comprar. Às vezes é mais divertido se você escolher algo bem caro! Agora entre na internet e descubra o preço. A maioria das coisas dá pra pesquisar no Ebay.com (só não esqueça de somar o frete). Se for algo como uma casa ou um rancho, tente o Realtor.com.

Quando você tiver o preço, faça uma planilha de "centavo dobrando" (ou use uma calculadora) para descobrir quantos dias levaria para juntar o dinheiro do seu sonho.

Mercado de ações

Over time, the stock market returns an average of 7% per Com o tempo, o mercado de ações rende, em média, 7% ao ano. Você quer descobrir quanto tempo demora para o seu dinheiro dobrar no mercado de ações.

Usando uma calculadora: Digite 1 na calculadora. Isso significa 1 dólar. Agora digite ×1,07 =. Isso aplica uma taxa de juros de 7% por um ano. Continue digitando ×1,07 = até o valor passar de 2. Quantas vezes você teve que digitar ×1,07 =? Esse é o número médio de anos que leva para dobrar seu dinheiro no mercado de ações.

Usando uma planilha: Faça duas colunas: uma chamada Ano e outra chamada Valor. Na célula A2, digite 1. Esse é o primeiro ano. Na célula B2, digite 1. Isso é 1 dólar. Agora, na célula A3, digite =A2+1. Na célula B3, digite =ARRED(B2*1,07;2). Depois copie a linha 3 várias vezes para a linha 4 e as seguintes. Em quantos anos o número da coluna 2 fica maior que 2?

Recursos

Planilhas

Existem várias planilhas online gratuitas que você pode usar. Tudo o que você precisa é de um computador e internet. Aqui vão algumas:

- www.google.com/sheets – Esta é a planilha do Google. Você precisa entrar com uma conta Google.
- https://office.live.com/start/Excel.aspx – Esta é a planilha do Microsoft Excel. Você precisa entrar com

uma conta Microsoft.
- www.zoho.com – Esta é a planilha do Zoho. Você precisa entrar com uma conta Zoho.

Calculadoras

Existem muitos aplicativos de calculadora gratuitos que você pode usar. Tudo o que você precisa é de um celular e internet.

Jeitos de descobrir um preço

- www.Ebay.com – Quase tudo é vendido aqui.
- www.Realtor.com – Um ótimo lugar para pesquisar preços de casas e imóveis.
- http://www.vantagesportscars.com – Uma fonte de preços para carros esportivos.
- http://www.autotraderclassics.com – Este site tem muitos carros clássicos à venda.
- http://www.erclassics.com/ – Um ótimo lugar para pesquisar preços de carros clássicos.

Outros livros de David E. McAdams

Introdução aos números
As Estações de Anna – Explore o mundo, uma estação e um número de cada vez!
O Livro dos Números dos Alienígenas – Apresenta os números às crianças em idade pré-escolar usando uma galáxia de alienígenas bizarros e coloridos, vindos dos cantos mais distantes da imaginação.
O Livro dos Números dos Dragões – Uma jornada encantadora e educativa pelos números, que ganha vida com dragões.
O Livro dos Números dos Duendes – Uma jornada encantadora e educativa pelos números de 0 a 10, que ganha vida com ilustrações de duendes incrivelmente realistas.
O Livro dos Números Caipiras – Um livro hilariamente cativante que combina conceitos básicos de matemática com

o humor excêntrico da cultura caipira.

O Livro dos Números das Fadas – Convida os leitores para uma jornada fantasiosa pelo mundo das fadas e dos números.

O Livro dos Números dos Unicórnios – Belos unicórnios apresentam os números de 0 a 10.

O Livro dos Números dos Caminhões – Uma jornada encantadora e educativa pelos números de 0 a 13, que ganha vida com ilustrações de caminhões incrivelmente realistas.

Aritmética

Kit de atividades para aprender com dinheiro de brinquedo – Aprenda a contar, somar, multiplicar e lidar com números grandes usando dinheiro de brincadeira (incluído).

Introdução às cores

Cores dos Papagaios – As crianças embarcam em uma jornada pelos tons brilhantes da natureza, tornando o aprendizado dos nomes das cores uma experiência alegre e imersiva.

Cores das Flores – Descubra a beleza das flores coloridas enquanto aprende os nomes das cores.

Cores das Pessoas – um livro vibrante e envolvente, criado para ensinar nomes de cores às crianças em idade pré-escolar, enquanto celebra a beleza da vida.

Cores da Realeza – Apresenta às crianças o mundo das cores com ilustrações vívidas de príncipes e princesas.

Cores do Cosmos – Embarque em uma jornada pelos tons brilhantes do universo.

Geometria

Meus Fractais Favoritos (Volumes 1, 2) – Uma celebração visual da beleza matemática, um deslumbrante reino de cores em espiral e simetria infinita.

Labirintos aos Montes! – Uma coleção empolgante com 241 labirintos para entreter, desafiar e encantar os amantes de quebra-cabeças.

Formas – Uma introdução visual divertida e envolvente às formas básicas e avançadas.

Planificações de poliedros – Livro de projetos – 80 planificações de poliedros podem ser recortadas e dobradas em objetos geométricos tridimensionais, garantindo horas de diversão fascinante!

Livros inspiradores

Se Eu Tivesse um Monstro – Monstros representam as pessoas que amam e convivem com as crianças, ensinando sobre a vida em família.

Escada para as Estrelas – Em uma aldeia tranquila, um menino sonha em caminhar até as estrelas.

Crescendo, Crescendo e Crescendo – uma história comovente que leva os leitores a uma jornada pelos muitos estágios da vida – da empolgação de crescer até a serenidade da velhice.

Teoria Matemática

Números – Os números nos dizem quantos, quanto tempo e quão longe, ajudando-nos a dar sentido ao mundo.

O Que é Maior do que Qualquer Coisa? (Infinito) – Quão grande é o grande? Até onde você pode ir? Estique a sua imaginação até o infinito!

Conjuntos de Balanços (Teoria dos Conjuntos) – Um primeiro olhar sobre conjuntos na matemática.

Para o entusiasta de matemática

O Primeiro Milhão de Algarismos de Pi – Celebre o número irracional pi com um milhão de algarismos.

Para obter a lista atualizada de livros de David E. McAdams, consulte https://lifeisastoryproblem.tripod.com/aauthor/portuguese.html.

www.ingramcontent.com/pod-product-compliance
Lightning Source LLC
Chambersburg PA
CBHW050044080526
44586CB00014B/1457